Para

com votos de paz.

/ /

CB049355

DIVALDO FRANCO
Pelo Espírito JOANNA DE ÂNGELIS

Salvador
10. ed. – 2024

© (1986) Centro Espírita Caminho da Redenção
Site: https://mansaodocaminho.com.br
Edição: 10. ed. (7ª reimpressão) – 2024
Tiragem: 3.000 exemplares (milheiros: 68.000)
Coordenação editorial: Lívia Maria C. Sousa
Revisão: Luciano Urpia · Christiane Lourenço
Capa: Eduardo Lopez
Editoração eletrônica: Lívia Maria C. Sousa
Coedição e publicação: Instituto Beneficente Boa Nova

PRODUÇÃO GRÁFICA
LIVRARIA ESPÍRITA ALVORADA EDITORA – LEAL
E-mail: editora.leal@cecr.com.br
DISTRIBUIÇÃO: INSTITUTO BENEFICENTE BOA NOVA
Av. Porto Ferreira, 1031, Parque Iracema. CEP 15809-020
Catanduva-SP.
Contatos: (17) 3531-4444 | (17) 99777-7413 (WhatsApp)
E-mail: boanova@boanova.net
Vendas on-line: https://www.livrarialeal.com.br

Dados Internacionais de Catalogação na Publicação (CIP)
(Catalogação na fonte)
BIBLIOTECA JOANNA DE ÂNGELIS

FRANCO, Divaldo Pereira. (1927)

Filho de Deus. 10. ed. / Pelo Espírito Joanna de Ângelis [psicografado por] Divaldo Pereira Franco, Salvador: LEAL, 2024. 176 p.
ISBN: 978-85-8266-041-6

1. Espiritismo 2. Moral Cristã
I. Franco, Divaldo II. Título

CDD: 133.93

Bibliotecária responsável: Maria Suely de Castro Martins – CRB-5/509

DIREITOS RESERVADOS: todos os direitos de reprodução, cópia, comunicação ao público e exploração econômica desta obra estão reservados, única e exclusivamente, para o Centro Espírita Caminho da Redenção. Proibida a sua reprodução parcial ou total, por qualquer meio, sem expressa autorização, nos termos da Lei 9.610/98.
Impresso no Brasil | Presita en Brazilo

SUMÁRIO

Filho de Deus 7
Um recanto seguro 11
1 Deus em ti 15
2 Paz em ti 19
3 Deus, o teu refúgio 25
4 Teu irmão e tu 29
5 Herdeiro de Deus 35
6 Tua virtude 41
7 Ordem de Deus 47
8 Perdoa-te 51
9 Luz de Deus 57
10 O teu Cristo 63
11 Vontade de Deus 67
12 Teu recomeço 71

13	Deus sempre	77
14	Tua harmonia	83
15	Bem de Deus	89
16	Teu cansaço	93
17	Deus sabe	99
18	Entusiasmo em ti	103
19	Deus pode	109
20	Corrige em ti	115
21	Deus quer	121
22	Fé em ti	125
23	Presença de Deus	131
24	Oração em ti	135
25	Amor de Deus	141
26	Paciência em ti	147
27	Deus permanece	153
28	Tua conduta	157
29	Agradece a Deus	161
30	Tua gratidão	167
	Deus te ama	171

Multiplicaram-se, através dos tempos, variados conceitos a respeito de Deus.

Por mais complexos, sempre se tornaram insuficientes para expressar toda a grandeza do Criador.

Somente Jesus logrou fazê-lo com perfeição, utilizando-se de uma linguagem simples, no entanto, portadora de alta carga racional e emocional, chamando-O de Pai.

O designativo excelente preenche todas as lacunas deixadas por outras definições e referências.

Deus é o Pai Criador, o Genitor Divino, a Causa Incausada de todos os seres e de todas as coisas.

És filho de Deus, cujo amor inunda o Universo e se encontra presente nas fibras mais íntimas do teu ser.

Por isso, nada te deve atemorizar ou afligir demasiadamente.

Tens uma fatalidade que te aguarda: a plenitude da vida!

Lográ-la, de imediato ou mais tarde, dependerá do teu livre-arbítrio.

Empenha-te no sentido de conseguir êxitos nos teus empreendimentos íntimos, mesmo que a peso de sacrifícios, recordando-te de que, em qualquer situação, Deus está contigo.

Este pequeno livro foi escrito para as tuas horas difíceis, os teus momentos de dubiedade e de fraqueza que todos, de alguma forma, experimentamos.

Em suas páginas encontram-se oportunas diretrizes, que certamente o caro leitor já conhece, mas que te recordamos, de modo a levantar-te o ânimo, impulsionando-te ao prosseguimento da luta.

São tópicos singelos, porém de vital importância, especialmente quando se está a sós, sob padecimentos insuportáveis, aparentemente sem caminho para seguir.

Deus é nosso Pai!

Alegra-te com esta certeza, e sê feliz.

Esperando que as nossas reflexões te auxiliem na ascensão, exoramos as bênçãos do Pai de Amor para todos nós, seus filhos rebeldes e necessitados que reconhecemos ser.

Salvador, 16 de março de 1986.
JOANNA DE ÂNGELIS

Há, em cada criatura,
um recanto seguro
para falar com ou escutar Deus...

Uma paisagem desértica,
um jardim florido,
um córrego em festa…
Um amanhecer risonho,
uma tarde chuvosa…
Uma canção ao longe,
um rosto de criança,
um campo bucólico,
alguém em sofrimento…

A magia de um poema,
a glória de um amanhecer,
a policromia de uma pintura…

Uma frase da Bíblia,
uma conversação edificante,
um relato comovedor,
um gesto de sacrifício,
uma oração…

Há, em toda criatura,
um recanto seguro,
que se alcança através de algum
desses convites naturais,
onde se sente, se fala, se ouve Deus,
e o Seu amor está
mais próximo, é mais envolvente.

Deus te necessita.

Reside em teu mundo íntimo e não O conheces.

Manifesta-se em tua vida de mil formas; todavia, permaneces ignorando-O.

Alenta-te com a esperança, irradiando o amor que te mantém em equilíbrio, na estrutura do teu corpo, da tua mente, da tua emoção.

Sustenta-te através do ar, e Sua luz, a irradiar-se na força do Sol, é o agente vitalizador das tuas energias.

A Sua presença te envolve, exteriorizando-se de ti.

Faz-se imprescindível que identifiques os meios de alcançá-lO conscientemente, alterando, de forma significativa para melhor, o teu comportamento intelecto-moral, a fim de mais profundamente haurires os benefícios dessa comunhão superior.

D'Ele recebes a inspiração para o crescimento libertador, para a ação feliz e para uma existência harmoniosa.

Teus pensamentos, palavras e atos devem traduzir essa presença em ti, porque, de alguma forma, estás mergulhado no oceano da Sua onisciência.

Cresces com Deus, na conquista dos espaços ilimitados da vida imortal.

Assim, Deus te necessita, a fim de que, em ti refletido, todos O vejam, sintam e amem, esforçando-se cada um para que também O tenha desvelado em seu cosmo interno, experimentando a plenitude que um dia dominará todas as vidas.

É muito importante a paz.

Governos a estabelecem fomentando guerras, gerando pressões, submetendo as vidas que se estiolam sob jugos implacáveis.

A paz é imposta, dessa forma, pelas armas, mediante a coação e depois negociada em gabinetes.

Vem de fora e aflige, porque é aparente.

Faz-se legal, mas nem sempre é moralizada.

Tem a aparência das águas pantanosas, tranquilas na superfície, miasmáticas e mortíferas na parte submersa.

Assim se apresenta a paz do mundo: transitória, enganosa.

A paz legítima emerge do coração feliz e da mente que compreende, age e confia.

É realizada em clima de prece e de amor, porque, da consciência que se ilumina ante os impositivos das Divinas Leis, surge a harmonia que fomenta a dinâmica da vida realizadora.

Essa paz não se turba, é permanente. Não permite constrangimentos, nem se faz imposta.

Cada homem a adquire a esforço pessoal, como coroamento da ação bem-dirigida, objetivando os altos ideais.

Não basta, no entanto, programar e falar sobre a paz. Mas, visualizando-a, pensar em paz e agir com pacificação, exteriorizando-a de tal forma que ela se estabeleça onde estejas e com quem te encontres.

Seja a paz, na Terra, o teu anseio, em oração constante, que se transforme em realização operante como resposta de Deus.

Orando pela paz, esse sentimento te invade, e o amor, que de Deus se irradia, anula todo e qualquer conflito que te domine momentaneamente.

A paz em ti ajudará a produzir-se a paz no mundo.

3 Deus, o Teu Refúgio

Deus é o teu amigo perfeito, acessível, sempre disposto a ouvir-te as queixas e a apresentar-te soluções.

Jamais se cansa, nunca se exaspera.

Se buscado, atende, paciente.

Quando rejeitado pela ignorância ou rebeldia humana, permanece discreto, aguardando.

Silencioso, *fala* em todas as expressões da Natureza, manifestando-se de mil modos impossíveis de não serem percebidos.

Sempre indulgente, é refúgio seguro, onde o consolo se expande, tranquilizando aquele que busca albergue.

Está suficientemente perto para tomar conhecimento das tuas necessidades. No entanto, não te constrange, obrigando-te a receber-Lhe o auxílio.

Ele te propõe sugestões supremas e conselhos sensíveis, com a claridade da sabedoria que te ilumina interiormente.

Às vezes, inspira-te antes dos acontecimentos para que te poupes aos desastrosos, e te beneficies com os favoráveis.

Com Deus no coração e na mente agirás com decisão feliz, e desempenharás as tuas tarefas com dinamismo elevado.

Ele provê todas as tuas necessidades, mas não as assume, anulando o teu esforço e valor, assim candidatando-te à inutilidade.

Ele te abençoa, quer O busques ou não. Contudo, se te elevas em pensamento, sintonizando com Suas dádivas, assimilarás melhor a irradiação desse supremo amor.

Nada faças sem te apoiares nesse Amigo certo, seguro e paternal que é Deus.

Tens necessidades e expectativas, que resultam do mecanismo das Leis do Progresso, que te impelem à evolução.

Não apenas tu as possuis, senão todas as criaturas, algumas das quais em maior volume e intensidade.

No teu relacionamento com o próximo, impõe-te a conduta de compreendê-lo, evitando que lhe exijas viver conforme os teus padrões, dentro das tuas inquietudes e aspirações.

Assim agindo, nunca sofrerás decepções, nem te sentirás defraudado em relação aos demais.

Cada um age conforme as suas próprias resistências e conquistas.

Se consideras o teu amigo como carente de compreensão, a quem não deves exigir, senão oferecer, liberando-o das tuas constrições emocionais, vê-lo-ás crescer e avançar, propiciando-te a mesma oportunidade que lhe concedes.

Caso te pareça difícil, pensa no quanto gostarias que agissem bem em relação a ti e faze-o dessa forma.

Se te falecem as forças, e a mágoa, a ira, o ciúme, a revolta buscam alojamento em ti, ora, a fim de adquirires compreensão, na certeza de que, igual que tu, todos são aprendizes da vida.

Torna-te paciente, gentil, desculpando os erros dos outros e auxiliando-os a corrigi--los e retificar-se interiormente.

Amplia as tuas capacidades de sabedoria, de amor, de ação fraternal em favor dos que ainda se detêm na retaguarda ou te passaram à frente e, talvez, se esqueceram de ti.

Nunca ponhas as tuas necessidades e expectativas acima daquelas que estão presentes em teu irmão, pois que tu já sabes como agir, pois já conheces o bem, e ele, talvez, ainda não.

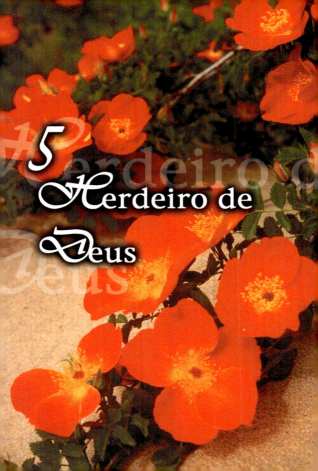

5
Herdeiro de Deus

Considerando-se a tua ascendência divina, já te deste conta de que és herdeiro de Deus?

Ele criou o Universo e a vida, enriqueceu a Sua Obra de sabedoria e beleza, colocando-te, por amor, como parte integrante dessas maravilhas e facultando-te fruí-las todas.

Por direito natural possuis tudo que é d'Ele, bastando somente que desenvolvas os dons em ti latentes, a fim de que possas desfrutar de toda essa opulência e grandeza.

Amado por Deus, és também herdeiro das ideias sublimes, que te proporcionam conquistar espaços, penetrar o mecanismo da vida e decifrar os enigmas desafiadores que te aguardam.

O teu dever é te fazeres receptivo ao pensamento divino em tudo e em todos presente, de modo a captá-lo e pô-lo em ação à medida que o conquistes.

Dispões de todos os bens e poderes que estão ao teu alcance. Todavia, são importantes, senão imprescindíveis, para lográ-los, a confiança e a fé, bem como o esforço para desdobrares as capacidades adormecidas em ti, mediante as quais saberás usar esses tesouros com edificação e integridade.

Tudo que te falte não é valioso, porquanto o essencial à vida é a sabedoria para conduzi-la, a fim de conseguires, não apenas coisas, senão lograres a plenitude e a abundância que o teu direito de herdeiro põe à tua disposição.

Se permaneces na infância espiritual, não podes usufruir, por não saberes utilizar de todos os bens; todavia, se adquirires a

maioridade, irás utilizando-te e felicitan-
do-te com todos os tesouros da Criação,
como filho de Deus, portanto, Seu herdeiro
ditoso.

6
Tua Virtude

A indulgência é uma virtude muito esquecida.

Todos a necessitamos, frequentemente, e nos regozijamos quando a utilizam, outras pessoas, em benefício das nossas defecções, necessidades e erros.

De raro em raro, porém, nos recordamos de que a devemos exercer em relação ao nosso próximo.

Ela dignifica aquele que a oferece, quanto enobrece quem a recebe.

Ninguém há, na Terra, que avance dispensando-a, tanto quanto pessoa alguma se pode jactar de jamais havê-la recebido.

Um coração indulgente possui um tesouro.

Não apenas para as agressões e ofensas recebidas, senão também para a compreensão do estado espiritual em que as demais criaturas estagiam.

Indulgente com os conflitos e inseguranças do teu irmão, ajudá-lo-ás a equilibrar-se e a adquirir confiança na vida.

Brindar-lhe-ás amor, cuja carência o mortifica, e o ajudarás sem prepotência ou humilhação.

Irradiando-a através da compreensão fraterna, expressarás harmonia e bondade, mantendo uma comunicação otimista com familiares, amigos e desconhecidos.

O caminho da santificação é pavimentado com a indulgência que lhe assinala o piso.

Se não usam de indulgência para contigo, exercita-a tu, pois que, talvez, aqueles que são severos e até mesmo cruéis, armados contra a tua pessoa, estão aplicando essa virtude à maneira deles, primitiva, porém, luz discreta que lhes nasce na alma até dominá-la totalmente.

Seja esta, pelo menos, uma virtude em ti, dentre outras que conquistarás.

7
Ordem de Deus

Há em tudo uma ordem divina. Embora não a detectes, ei-la manifesta em tudo, expressando a sua origem no Criador.

Em ti também se encontra presente: no corpo, na mente e na alma, regulando-te a vida e fomentando-a.

Se consegues identificar-te com essa vibração que dimana de Deus, haverá harmonia em tua existência, em tudo que realizas e com quem estejas.

Tens que buscá-la, caso não a percebas e notes apenas insucessos, atrasos, desafios desanimadores.

Todos esses aparentes percalços, todavia, trabalham juntos para o teu bem, o teu progresso.

Não obstante se apresente o caminho por onde segues pejado de abrolhos, aferra-te à certeza de que Deus é responsável por tudo, e assim mesmo, a ordem, esse equilíbrio divino, conduzir-te-á ao bem.

Conscientizando-te de que não segues ao léu, mas te movimentas na correnteza da ordem superior, superarás tensões e amarguras, ansiedades e desgostos, porque esse hálito de Deus, que a tudo e a todos vitaliza, manifesta-se em ti e através de tudo aquilo que te diz respeito.

Não te permitas resistir a essa energia envolvente e condutora.

Coopera com o estatuído pelas Soberanas Leis, facultando que elas cooperem contigo, trazendo-te paz e abençoando as tuas horas.

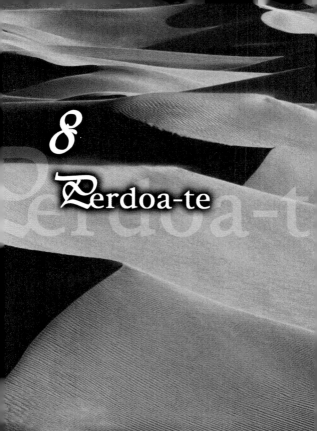

8. Perdoa-te

A palavra evangélica adverte que se deve ser indulgente para com as faltas alheias e severo em relação às próprias.

Somente com uma atitude vigilante e austera no dia a dia o homem consegue a autorrealização.

Compreendendo que a existência carnal é uma experiência iluminativa, é muito natural que diversas aprendizagens ocorram através de insucessos que se transformam em êxitos, após repetidas, em face dos processos que engendram.

A tolerância, desse modo, para com as faltas alheias, não pode ser descartada no clima de convivência humana e social.

Sem que te acomodes à própria fraqueza, usa também de indulgência para contigo.

Não fiques remoendo o acontecimento no qual malograste, nem vitalizes o erro através da sua incessante recordação.

Descobrindo-te em gravame, reconsidera a situação, examinando com serenidade o que aconteceu, e regulariza a ocorrência.

És discípulo da vida em constante crescimento.

Cada degrau conquistado se torna patamar para novo logro.

Se te contentas, estacionando, perdes oportunidades excelentes de libertação.

Se te deprimes e te amarguras porque erraste, igualmente atrasas a marcha.

Aceitando os teus limites e perdoando-te os erros, mais facilmente treinarás o perdão em referência aos demais.

Quando acertes, avança, eliminando receios.

Quando erres, perdoa-te e arrebenta as algemas com a retaguarda, prosseguindo.

O homem que ama, a si mesmo se ama, tolerando-se e estimulando-se a novos e constantes cometimentos, cada vez mais amplos e audaciosos no bem.

9
Luz de Deus

Quando os raios do Sol atravessam um vitral delicado, este esplende de beleza, exteriorizando tonalidades pujantes em magia de luz e de cor.

A alma humana é constituída de elementos superiores, mas atinge a plenitude quando penetrada pela divina claridade, que aguarda apenas ser recebida e filtrada.

Qual diamante lapidado que reflete toda uma estrela, ela, igualmente, torna-se um astro fulgurante quando burilada pelo sofrimento e colocada a serviço da função evolutiva.

Necessitas entender que o teu progresso espiritual é de emergência, e o estás retardando em razão das coisas de pequena monta a que te encadeias.

Os grandes obstáculos desafiadores levam o viajante à reflexão na forma pela qual os pode superar. Entretanto, os cardos e pedregulhos do caminho, que parecem insignificantes, em ferindo-lhe os pés, impedem-lhe o avanço.

Permeia-te da divina luz e clareia os recantos escuros da tua vida, em que se alojam o ciúme, a mágoa, a inveja, a preguiça e outras imperfeições injustificáveis.

Criado para a glória estelar, és um cosmo em miniatura, saindo da nebulosa incandescente das paixões.

Gravita em harmonia sob a ação do pensamento de Deus sem te deslocares da rota.

A força de atração do amor leva todos a Ele.

Irradia-a com todo o teu ser vestido de tal forma com essa luz, que nenhuma sombra remanesça escondida no teu sentimento.

Ela alcançará o teu próximo e brilhará no mundo.

Com a luz de Deus fulgindo em ti, revelarás a bondade e todo o bem que jazem adormecidos e que ela consegue despertar para a vida.

10
O Teu Cristo

Possuis recursos inimagináveis que estão em germe em tua alma, aguardando os teus estímulos.

Por enquanto, sintonizas com as províncias de *sombra* por onde transitaste, e já deverias ter-te libertado da sua presença.

Vez que outra descobres toda a força que jaz em ti, aguardando.

Jesus utilizou-se dos seus recursos para demonstrar a finalidade a que se destinavam.

Acalmou os ventos e devolveu ao mar a sua tranquilidade.

Liberou obsidiados e restituiu o equilíbrio aos obsessores.

Sarou enfermidades e recuperou doentes da alma.

Multiplicou pães e peixes e alimentou Espíritos esfaimados da verdade.

Iluminou a Terra e jamais se eclipsou.

Possuis o Cristo interno, poderoso, que é teu, mas o manténs manietado, sem ensejar-lhe ação.

Deixa-o espraiar-se através de ti.

Ele é harmonia, e tu estás desequilibrado; é amor, e tu és carência; é claridade, e tu és *sombra*; é vida, e tu te debates nos grilhões da morte.

Com Ele agindo por ti, terás decisão para te negares aos pensamentos doentios que se transformam em tormentos e ações nefastas.

És, antes de tudo, o teu mundo interior, e porque aí Ele habita, todo te renovas e dás margem a que estuem as tuas potencialidades para a realização do programa de paz e vida a que estás vinculado.

11
Vontade de Deus

A presença de Deus proporciona paz, aumentando as resistências humanas para os embates cotidianos.

Sutil e poderosa ao mesmo tempo, é um dínamo gerador de energias que recarrega as *baterias* da alma, da mente e do corpo, mantendo-os em condições estáveis de equilíbrio e ação.

Como a enfermidade resulta de desequilíbrios nos campos moleculares responsáveis pela harmonia funcional das células, a saúde se estabelece quando a corrente divina passa com regularidade pelo sistema de ação aglutinadora dessas partículas de vital importância.

Com Ele o temor desaparece, oferecendo lugar à coragem, que expressa bem-estar e segurança íntima.

A evocação de Deus expulsa as preocupações e a insegurança, surgindo a serenidade e a confiança.

A presença de Deus anula as recordações deprimentes e perniciosas, que se clarificam com as esperanças de felicidade.

Em Deus encontras a luz para discernires com acerto, pensando corretamente, falando com sabedoria e agindo com precisão.

Ante Deus tudo é possível.

A saúde de alguém, o êxito, as tuas necessidades são convenientemente atendidos, porque Deus é o Poder.

Assim, quando hajas feito o máximo ao teu alcance e os resultados não sejam conforme esperavas, não te exasperes e aguarda um pouco mais. Este não era o momento e, se houvesses logrado o êxito, isto não te seria conveniente.

Permite, pois, que se faça a vontade de Deus, e não desanimes jamais.

12
Teu Recomeço

A cada momento podes recomeçar uma tarefa edificante que ficou interrompida. Nunca é tarde para fazê-lo; todavia, é muito danoso não lhe dar prosseguimento.

Parar uma atividade por motivos superiores às forças é fenômeno natural. Deixá-la ao abandono é falência moral.

A vida é constituída de desafios constantes. Sai-se de um para outro em escala ascendente de valores e conquistas intelecto-morais.

Sempre há que se começar a viver de novo.

Uma decepção que parece matar as aspirações superiores; um insucesso que se afigura como um desastre total; um ser querido que morreu e deixou uma lacuna impreenchível; uma enfermidade cruel que esfacelou as resistências; um vício que, por pouco, não conduziu à loucura; um prejuízo financeiro que anulou todas as futuras aparentes possibilidades; uma traição que poderia ter-te levado ao suicídio, são apenas motivos para recomeçar de novo e nunca para se desistir de lutar.

Não houvesse esses fenômenos negativos na convivência humana, no atual estágio de desenvolvimento das criaturas, e os estímulos para o progresso e a libertação seriam menores.

Colhido nas malhas de qualquer imprevisto ou já esperado problema aterrador, tem calma e medita, ao invés de te deixares arrastar pela convulsão que se irá estabelecer. Refugia-te na oração, a fim de ganhares força e inspiração divina.

Como tudo passa, isto também passará, e, quando tal acontecer, faze teu recomeço, a princípio, com cautela, parcimonioso, até que te reintegres novamente na ação plenificadora.

Teu recomeço é síndrome de próxima felicidade.

13
Deus Sempre

Por mais terrível que se te apresente a situação, segue adiante, sem desfalecimento.

O desânimo é inimigo sutil que inutiliza os mais belos empreendimentos da vida.

Se os amigos te abandonaram ante os insucessos econômicos ou afetivos que te chegaram; se os parentes e os afetos resolveram afastar-se por motivos que desconheces; se tudo te empurra ao limite estreito da solidão, recompõe-te intimamente e espera.

É provável que te sintas a sós, e que, aparentemente, estejas sem companhia. Isto, porém, não é uma realidade espiritual, mas o reflexo do momentâneo estado de alma que te assalta.

Nunca estás sozinho. Fazendo parte integrante da Criação, ela está em ti, quanto nela te encontras.

No lugar onde estejas, Deus está contigo: no lar, no trabalho, no espairecimento, no repouso, na doença, na saúde, n'Ele haurindo consolo e forças para prosseguires nos misteres a que te vinculas.

Somente te sentirás a sós, se deixares de preservar o vínculo consciente com o Seu amor. Mesmo assim, Ele permanecerá contigo.

Estás unido a toda a Humanidade. Vão-se umas pessoas, outras chegam. Não te amargures com as que partem. Não te entusiasmes com as que chegam.

As criaturas passam como veículos vivos: têm um destino e não as podes deter.

Compreendendo esse impositivo, faze-te o amigo e irmão de quem encontres no caminho, não o retendo ao teu lado, nem te fixando no dele. Ajuda-o e segue.

Só Deus, porém, é sempre o constante companheiro. Por isso, nunca te permitas sentir solidão.

Para que vivas em harmonia com os outros e eles contigo, necessitas manter um programa pessoal, mínimo que seja, indispensável aos resultados felizes.

A pessoa que vive bem com as demais conseguiu desenvolver um espírito de cooperação, grande naturalidade em dar como em receber.

Pequenos e simples atos de consideração constituem a primeira regra para um bom relacionamento humano e social.

Se desejas, realmente, viver em harmonia, tenta:

Ser paciente. A pressa é inimiga da amizade, gerando pressão em relação aos outros e descontrole em quem a cultiva. Desse modo, organiza todos os teus momentos, de forma que não necessites viver em agitação ou ansiedade, levando insegurança aos demais. Relaxa-te e confia que chegará o teu momento, no instante apropriado.

Ser caridoso. Todos necessitam de ajuda. Usa a tua palavra para levantar os ânimos debilitados, estimular as novas lutas. Não critiques nem leves ao ridículo a ninguém, nem mesmo quando em tom de brincadeira. Reparte gentilezas de acordo com as necessidades de cada criatura. Um coração caridoso é uma ilha onde a felicidade reside.

Ser amoroso. O teu amor deve alargar-se e não restringir-se, diminuindo o campo de ação. Num mundo carente, toda baga de amor é como raio de luz dissipando a treva e apontando rumo. Rompe os teus bloqueios, teus receios e limites, e deixa que o amor te conduza, fluindo de ti para os demais.

Cooperando e confiando no bem, tens a diretriz para a tua própria harmonia e a de todos os demais.

Teus pensamentos são como sementes que vais depositando no solo da vida. Produzirão sempre de acordo com a qualidade que lhes seja peculiar.

Não ocorre nenhuma alteração, porque a correspondência é perfeita entre a causa e o efeito.

Conforme aneles e projetes os teus pensamentos, a vida te devolverá em forma de acontecimentos, sensações e emoções.

Os positivos e estimulantes enriquecem--te e se manifestam em todos os setores existenciais.

Os negativos e deprimentes entorpecem--te o ânimo e tornam-te amargo, nervoso, interferindo no teu comportamento.

Libera-te dos pensamentos doentios e perniciosos que acalentavas no passado, quanto até há pouco. Deixa-te livre, preparando a terra generosa dos sentimentos, para que os otimistas, os ativos expressem o perfeito bem de Deus.

Mantém os que revelam amor, e te sentirás envolvido por incessantes ondas de ternura e de afeto.

Conserva os que são de paz, e toda a harmonia da vida ressoará no teu íntimo.

Preserva os que objetivam a saúde, e te sentirás forte, pleno, mesmo que, vez por outra, alguma debilidade se te apresente, não afetando o conjunto.

Pensa em prosperidade, abundância, mas não só de valores materiais, e sim dos demais bens de Deus, que são essenciais à vida para sempre.

Pensa, e viverás consoante a onda emitida.

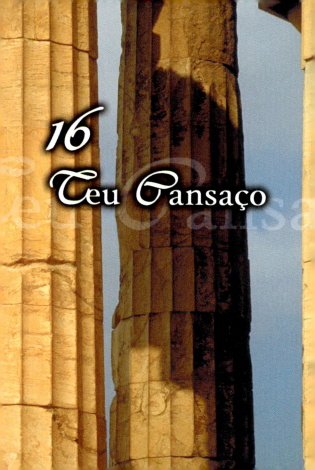

16
Teu Cansaço

O cansaço da vida, esse tipo de fastio e desagrado em relação à existência, é sinal de mais grave problema.

Não resulta do trabalho contínuo, nem de falta de repouso, mas de um estado de alma doentio.

Revolta surda, sustentada com pessimismo; insatisfação gerada pela dureza dos sentimentos; má vontade sistemática ante qualquer ação, produzem esse quadro desalentador que ameaça o teu programa evolutivo.

Com urgência, despe esse traje de infelicidade que te asfixia e retoma o controle das tuas aspirações, renovando-te em espírito.

Altera o ritmo das tuas atividades e dá-lhes uma nova motivação, que desfaça a onda de indiferença que te envolve.

A cada momento a vida impõe mudanças que facultam o crescimento. Às vezes, por falta de critério, adotas uma que te leva a consequências prejudiciais. Não obstante, esta alteração torna-se providencial, pois que destrói o marasmo que te intoxica lentamente.

Toda nova ação produz um estímulo específico, que renova e tranquiliza o homem que se empenha com entusiasmo por executá-la.

Momento a momento, passo a passo, agindo, sentir-te-ás repousado, disposto.

Faze, desse modo, modificações constantes, pequenas ou grandes, que te projetem para frente, iniciando na forma de pensar, que se deve tornar mais objetiva e dinâmica, como na de agir, com mais segurança e sabedoria.

Enfrenta cada novo dia com uma disposição salutar, sabendo-te útil na obra de Deus, que te concede ilimitados recursos para o triunfo ao teu alcance, desde que te libertes dessa postura enferma, a que dás o nome de cansaço.

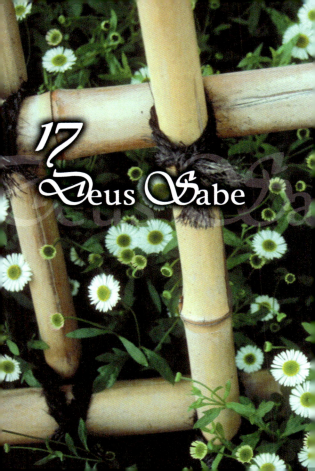

Há momentos muito difíceis, que parecem insuperáveis, enriquecidos de problemas e dores que se prolongam, intermináveis, ignorados pelos mais próximos afetos, mas que Deus sabe.

Muitas vezes te sentirás à borda de precipícios profundos, em desespero, e por todos abandonado. No entanto, não te encontrarás a sós, porque, no teu suplício, Deus sabe o que te acontece.

Injustiçado e sob o estigma de calúnias destruidoras, quando, experimentando incomum angústia, estás a ponto de desertar da luta, confia mais um pouco, e espera, porque Deus sabe a razão do que te ocorre.

Vitimado por cruel surpresa do destino, que te impossibilita levar adiante os planos bem-formulados, não te rebeles, entregando-te à desesperação, porque Deus sabe que assim é melhor para ti.

Crucificado nas traves ocultas de enfermidade pertinaz, cuja causa ninguém detecta, a fim de minimizar-lhe as consequências, ora e aguarda ainda um pouco, porque Deus sabe que ela vem para tua felicidade.

Deus sabe tudo!

Basta que te deixes conduzir por Ele, e, sintonizando com a Sua misericórdia e sabedoria, busca realizar o melhor, assinalando o teu caminho com as pegadas de luz, características de quem se entregou a Deus e em Deus progride.

O entusiasmo é fundamental à vida. É como o Sol que a tudo fecunda.

Sem ele descolore-se a paisagem e pairam nuvens que obstaculizam a irradiação da claridade do conhecimento.

Torna-se necessário, por ser estimulante e renovador.

Toda vez que diminui de intensidade, os interesses esmaecem, cedendo lugar a nostalgias e amarguras perturbadoras.

Uma pessoa entusiasmada espalha otimismo, emula ao esforço e conduz a atividades que geram o progresso e o êxito.

Ao contrário, quem o perde, apresenta-se com ar de fracasso, deprimido e deprimente.

Sempre há problemas na vida, pois que os mesmos fazem parte do processo de estímulos para a evolução.

Compreensível que desastres, insucessos, desaires e tragédias transcorram ao lado do êxito, da felicidade, da alegria...

O comportamento correto será sempre o do entusiasmo.

Seja qual for a ocorrência negativa ou prejudicial que se te apresente, avança com entusiasmo, sepultando, no ontem, o fenômeno infeliz.

Recordar desgraças é vitalizá-las, fixando-as nos panoramas mentais e fazendo-as prolongar os seus efeitos funestos.

Sobrevivendo a quaisquer acontecimentos negativos, entusiasma-te com a oportunidade de prosseguir, não evocando o antes sucedido e apenas pensando no amanhã feliz.

Nada mais saudável que alguém em triunfo, após testemunhos rudes, iluminando outras vidas com o sol do seu contentamento.

Sê, tu, um desses mensageiros da felicidade, em razão do teu entusiasmo.

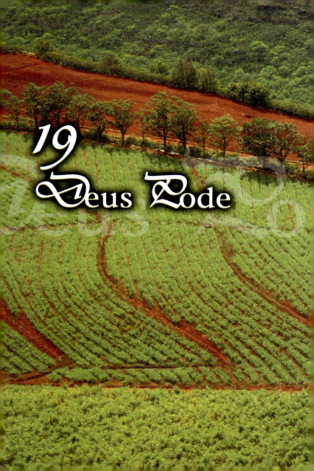
19 Deus Pode

Desde cedo que sofres apodos, acusações, desestímulos.

Informaram-te que jamais serás alguém.

Impuseram-te o fracasso como saída única para as tuas aspirações.

Cercearam-te o passo, juncando-te o caminho com urze e pedrouços.

Cresceste tímido e amargurado, realmente, sem lograr sucesso nos empreendimentos encetados, o que facultava aos teus agressores confirmar aquele prognóstico sombrio.

Prosseguem ressoando nos teus ouvidos as diatribes que te infelicitaram a vida, tornando-te um sofredor inveterado.

De certo modo, és vítima desses fatores, cujas causas espirituais procedem de outras vidas, quando a soberba e a indiferença eram as marcas do teu caráter.

Esquecestes-vos, os teus acusadores e tu, do poder de Deus, que te destina à vitória sobre todas as vicissitudes.

Ignorando ou deixando à margem essa força do Amor, tornaste-te uma sombra nas sombras do mundo. Todavia, jamais te olvides de que Deus tudo pode.

Embora estejas transitando entre sombras e névoas, Deus pode retirar-te daí, impulsionando-te à claridade libertadora.

Assinalado pelo desânimo que decorre das experiências malsucedidas, Deus pode encorajar-te para novos tentames.

Debilitado por enfermidades contínuas, que são frutos dos erros pretéritos, Deus pode recompor-te para a saúde ideal.

Aturdido por forças negativas, impiedosas, Deus pode liberar-te para resgatares pelo amor os erros antes praticados.

Em qualquer situação em que estejas sob o açodar das aflições, abre-te ao Pai, busca-O e confia n'Ele, esforçando-te por assimilar-Lhe o pensamento e a vontade, assim logrando a realização íntima.

Lembra-te: Deus tudo pode!

20
Corrige em Ti

O mundo exterior parece-te fascinante e rico de emoções.

Desejas, com malcontido equilíbrio, arrojar-te à onda do prazer que toma conta das criaturas, arrastando-as na embriaguez dos sentidos.

Estas desfilam risonhas, joviais, tornando a existência uma festa sem limite e cujo fim não se anuncia, pois que saltam de umas para outras experiências tentadoras.

Vendo-as, na televisão e nas colunas sociais, no cinema e na via pública, não podes evitar a frustração que vai crescendo no teu íntimo, vazio de gozos, pleno de compromissos severos.

Consideras madrasta a existência e sucumbes, lentamente, asfixiado pelas lágrimas.

Corrige, porém, a tua apreciação.

Talvez não sejam tão felizes conforme fazem crer, esses campeões da juventude e da alegria, do sexo e da ilusão.

A grande maioria vende essa imagem que impressiona os fracos; e outros, os que têm poder econômico, saturados da existência, usam terríveis estimulantes para sair do tédio, fugindo de si mesmos.

Na Terra, tudo é transitório, e, logo mais, exauridos, eles sucumbem, ignorados, nas sombras das depressões, das drogas, da loucura e do suicídio.

Ninguém foge ao desgaste orgânico, que é Lei da Vida.

Envelhecer e morrer são fenômenos normais.

Todavia, quem comanda o corpo com sabedoria, guindando a mente à inspiração divina não envelhece, nem morre, isto é, mantém o estado de saúde interior inalterado, na marcha inexorável para o túmulo e, depois, para a ressurreição de bênçãos.

21
Deus Quer

Deus não quer o meu progresso, porquanto os meus caminhos estão interditados!

Deus não quer a minha felicidade, já que tudo quanto me diz respeito resulta em insucesso!

Deus não quer o meu bem-estar, porque somente sofrimentos me chegam!

Deus não quer a minha paz, já que a luta jamais me abandona!

Deus não quer o meu amor, pois que apenas a amargura se me faz companheira!

Estas e outras exclamações caracterizam a visão incorreta que a criatura tem em relação a Deus, especialmente quando está afetada pela revolta ou pela insatisfação.

No entanto, Deus quer o teu progresso; não aquele que se assenta na desonra e no vício.

Deus quer a tua felicidade; não, porém, feita de ilusão e de triunfo mentiroso, que logo passam.

Deus quer o teu bem-estar; todavia, na estrutura de uma vida íntima saudável, que resulta de uma depuração moral necessária.

Deus quer a tua paz legítima, após acalmados os anseios do coração e regularizados os débitos da consciência.

Deus quer o teu amor, superadas as sombras dos conflitos e as instabilidades da tua emoção.

Triunfo no mundo é gozo que passa.

Triunfo com Deus é harmonia que permanece.

Deus quer o melhor para ti, e, porque ainda não sabes elegê-lo, proporciona-te os meios para consegui-lo em definitivo, sem margem de o perder.

22
Fé em Ti

O fanatismo é torpe descaracterização da fé, exteriorizando demência da faculdade de pensar.

A descrença sistemática é conflito emocional, de curso largo, a inquietar o equilíbrio da razão.

O homem crê por impositivo da evolução, por hereditariedade psicológica.

Nem toda crença é racional, passada pelo crivo do exame, mas também, automática, natural, em um grande número de pessoas, pela qual se expressa.

A fé, por isso mesmo, manifesta-se de maneira natural e racional.

A primeira encontra-se ínsita no homem, enquanto a outra é adquirida através do raciocínio e da lógica.

A fé religiosa, pois, surge espontaneamente ou resulta de uma elaboração mental que os fatos confirmam.

Virtude, porquanto conquista pessoal, descortina os horizontes amplos da vida, facultando paz e estimulando à luta.

Aquisição intelectual, transforma-se em uma luz sempre acesa a conceder claridade nas circunstâncias mais complexas da vida.

Seja, porém, qual for a forma em que se manifesta a tua fé, vitaliza-a com o amor, a fim de que ela se expanda na ação do bem.

A fé é parte ativa da natureza espiritual do homem, cujo combustível deve ser mantido através da oração, da meditação frequente e do esforço por preservá-la.

Não faças experiências-testes à tua fé. Ela estará presente nos momentos hábeis sem que se faça necessário submetê-la a avaliações.

Aprende a crer nos teus valores.

O homem crê por instinto, por assimilação, pela razão.

Põe a tua fé em Deus e absorve a ideia do bem, pois foste criado para uma vida feliz e saudável.

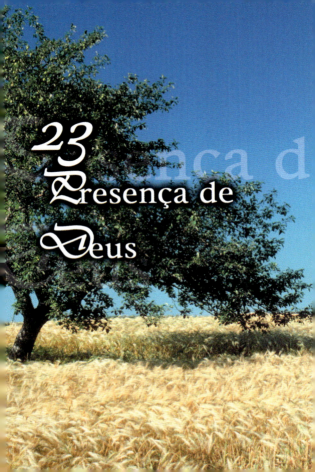

23 Presença de Deus

Quando a perturbação e o medo buscarem envolver-te, recorda, de imediato, da presença de Deus ao teu lado.

As qualidades internas da sabedoria e do amor, da confiança e da paz, embora invisíveis, são mais poderosas do que as circunstâncias afligentes e os estados inquietadores da alma.

Na presença de Deus consegues unir num só elo o coração, a mente e o Espírito.

Ela clareia-te a razão e apaga as sombras turbadoras do discernimento, facultando que este conduza a cena dos acontecimentos com equilíbrio.

Essa presença inspira-te ideias novas e surpreendentes, ricas de conteúdo, abrindo espaço para realizações futuras assinaladas pela alegria e o bem-estar.

Propicia segurança e protege, pois que, irradiando-se, recompõe a ordem, dinamizando valores que pareciam dormir, esquecidos.

Por tua vez, repartes júbilos, despertando outros que se entregaram ao pessimismo, a fim de que se renovem e reatem os liames com as ações que não devem ficar abandonadas.

Há possibilidades que, antes, nunca havias notado, e estão à tua disposição.

Tateando em sombras, não as vias nem as alcançavas.

Com a presença de Deus, elas se te manifestam acessíveis, e os Seus amorosos braços te envolvem através de ondas de reconforto que protegem e dão segurança em todas as tuas realizações.

A presença de Deus é todo o bem que experimentas, que te nutre e que distribuis a mãos, a coração e alma cheios.

24
Oração em Ti

O homem, consciente ou inconsciente-mente, necessita comunicar-se com Deus.

A presença latente da Divindade impe-le-o a buscar a Fonte Inexaurível, a fim de nutrir-se da energia mantenedora da vida.

Uma secreta intuição, reminiscência de experiências já vividas ou inspiração para o encontro, fala da Realidade Superior, con-citando ao estabelecimento de uma ponte de duas vias: por onde sigam os apelos e por onde retornem as respostas.

O recurso mais valioso para este deside-rato é o da oração.

Quando penetras o aposento interior da alma, guiado pela luz da oração, logras comungar com Deus, ali presente, podendo alimentar-te nessa poderosa Força geradora de valores elevados.

São estimulados os recursos já existentes, que assomam em forma de coragem, de paz, de alegria.

Desanuviam-se as sombras pesadas que obscurecem a inteligência, entorpecendo os sentimentos.

O equilíbrio interior se recompõe e a escala dos bens altera-se do imediato para o mediato, do transitório para o permanente, em face de uma hábil visualização da própria realidade.

A oração é o mais forte estímulo de que a alma pode dispor para plenificar-se.

Ela reergue o ser e o metamorfoseia, em razão da substância de que se constitui, abrindo os espaços mentais para a ação edificante, sem a qual, a vida, em si mesma, perde o sentido, a significação.

É luz acesa na sombra; é pão nutriente na escassez; é força na debilidade; é gozo na paisagem erma da soledade.

Com a oração redescobres a finalidade da tua existência terrena e superas todos os percalços que parecem impedir-te ao avanço.

Faze da oração um hábito, e deixa que a luz e o entendimento te fortaleçam na vida diária, à medida que te dediques a todas as tarefas que te dizem respeito, jovial e feliz.

Na majestosa harmonia do Universo e na sua impenetrável grandiosidade, ressalta, eloquente, a presença do Amor de Deus.

Somente o amor é o programador perfeito para a exuberância infinita das galáxias e o matemático exato para dar-lhe equilíbrio cósmico com tal precisão que extasia a mente humana, que ora começa a compreender as Leis de Sustentação e de Ordem vigentes em toda parte.

Esse amor se manifesta no hálito da vida, que dá, a uma débil raiz, a força de fender uma rocha ou de extrair do húmus da terra o perfume da flor e o sabor do fruto, transmutando a água e o ácido carbônico em madeira e em açúcar...

A sua força atrai as moléculas e perpetua as espécies, estabelecendo, nos códigos genéticos da hereditariedade, as leis de vinculação com os ancestrais e as diretrizes para a posteridade.

Impulsionando-o ao progresso, cuja fatalidade estabelece, elaborou, para o Espírito, o processo da reencarnação, a fim de que, através de inúmeras etapas, realize experiências evolutivas, desdobrando os germes que lhe dormem no íntimo, até agigantar-se na perpétua glória do bem.

Nunca te olvides do amor de Deus.

Considera aqueles que te cercam, como a tua oportunidade de desdobrar o amor, mesmo que não estejam capacitados para recebê-lo, e, especialmente, por esta razão mesma.

Se te constituem impedimento ou criam dificuldades na execução dos teus compromissos de elevação, experimenta amá-los um pouco mais.

Ferido ou antagonizado, deixado à margem ou por eles desconsiderado, não reajas da mesma forma. Age com benemerência, pois que são teus irmãos da retaguarda, dando-lhes conforme recebes dos mais avançados que tu, e te constituem exemplo, emulação ao prosseguimento.

O amor de Deus se estende sobre todos.

Os que se insurgem como teus inimigos são, mesmo que o não queiram, teus irmãos, porquanto descendentes da Progenitura Divina, cujo amor jamais se aparta da sua Criação.

26
Paciência em Ti

Sinal evidente de desequilíbrio emocional é a irritação.

A paciência, por sua vez, reflete a tranquilidade íntima, que se assenta na irrestrita confiança nos desígnios de Deus.

O conhecimento da verdade propicia calma, pois que enseja ao homem saber o que lhe está destinado e como lográ-lo.

Respeita o tempo, aplicando-o com correção e trabalhando sistemática e continuamente para alcançar as metas a que se propõe.

Em todas as circunstâncias comporta-se com equidade, pois sabe que as ocorrências da vida obedecem às Leis da Causalidade, assim submetendo-se-lhes sem deixar-se desarmonizar por fatores fortuitos, negativos.

Desencadeada a ação, advirão os resultados, conforme o tipo de movimento desenvolvido.

Irritar-se, impacientar-se, somente agrava o quadro dos acontecimentos que não podem ser alterados.

Desse modo, harmoniza-te com a vida, adquirindo o tesouro valioso da paciência.

Nas competições destrutivas, aguarda a tua vez.

Nas lutas de predomínio, espera no teu lugar.

Nos choques da ambição, permanece em paz.

Usa a paciência como instrumento de luta, não te desequilibrando quando os múltiplos convites ao desespero estiverem açodando as tuas resistências.

Cada experiência te brindará maior capacidade para outros cometimentos, forjando os metais dos teus sentimentos para vitórias mais amplas.

Assim, fica alerta e paciente.

Conhecendo a *Lei de Justiça*, compreendes que somente te acontece conforme a necessidade da tua evolução.

Não te aflijas, nem te apresses.

Sem tardança, porém, com paciência, atua sempre, aguardando o correto resultado das tuas realizações.

Com paciência conquistarás tudo, após te haveres conquistado a ti mesmo para o bem e para a paz.

27 Deus Permanece

Jamais abandono, solidão, infortúnio. Deus permanece contigo.

Ele é o fulcro gerador de poder, em torno do qual tudo e todos gravitam.

D'Ele é a linguagem positiva, atuando a distância, no equilíbrio cósmico, na força de atração das moléculas.

Magneticamente a Ele atraídos, estamos associados uns com os outros na grande obra de regeneração.

Sua ação se expande e produz efeitos que se devem realizar através dos fenômenos vivos da Natureza.

Quando as circunstâncias se apresentem aziagas, fomentando sombras e amarguras; quando as enfermidades predominem, diminuindo as resistências; quando as necessidades se multipliquem em turbilhão de inquietudes; quando os apodos investam sem piedade e todos se tenham ido, Deus permanece contigo.

Quando um homem cai, há um distúrbio no equilíbrio universal.

Quando ele se reergue e avança, a harmonia sideral se reorganiza.

Tu és um cosmo no Universo, e as leis que te regem o destino impõem-te a gravitação harmônica em torno do Astro-rei.

Deus aí permanece.

Condutores orientam o passo.

Mestres conduzem o ensino.

Leis governam a vida.

A tua vida escreve páginas que irão influenciar outras vidas, nelas permanecendo como exemplos, estímulos ou derrotas.

Deus permanece sempre te guiando e te fortalecendo para o fanal feliz.

Não O duvides, nem O desconsideres.

Descobre-O, pois que Ele permanece contigo.

28
Tua Conduta

Onde estejas, encontram-se tesouros inimagináveis aguardando as tuas mãos ativas.

Na terra generosa dorme uma rica seara.

No córrego cantante encontra-se uma usina em potencial.

Na estela de pedra está oculta a coluna.

Todavia, todos aguardam a ação transformadora do trabalho.

O solo espera o arado e a semente.

A corrente de água necessita da adequada canalização, e a pedra, do instrumento que a talhe para o fim a que seja destinada.

Assim é o ser espiritual, que traz presente a Divindade e aguarda se desfaçam os impedimentos para que estue, exuberante.

A educação será o recurso vigoroso que te oferece os valiosos bens, por enquanto adormecidos no teu íntimo.

O cérebro, necessariamente iluminado pelo conhecimento, fará que se apresentem a inspiração e o verbo, a técnica e o pensamento robusto para o milagre das transformações que deves operar.

O coração sublimado refreará a torrente de paixões, abrindo espaços para os sentimentos de elevação a exteriorizar-se na tua conduta, modelo e demonstração do que conduzes intimamente.

A dor e o trabalho sejam considerados os maravilhosos cooperadores do teu crescimento.

A bondade e o amor constituam-te os operadores da tua renovação, a fim de que, em todos os momentos, a tua conduta reflita os teus ideais e eles sejam a tua vida, em nome do bem incessante que fulge à frente e desejas repartir com toda a Humanidade, que aprendes a amar e desejas servir desde agora.

29
Agradece a Deus

O homem sensato jamais deveria queixar-se.

A sua lucidez fá-lo compreender a grandeza da vida e sua consequente harmonia.

Se contempla o Universo, extasia-se ante a magnitude dos infinitos sistemas estelares.

Se examina o microcosmo, deslumbra-se em face da extraordinária manifestação da vida nas expressões igualmente inumeráveis de partículas, moléculas e elementos infinitamente pequenos.

No seu corpo, no entanto, pulsa o coração, essa bomba perfeita, vigorosa, que trabalha, incessantemente, desde o primeiro impulso, para sustentar-lhe e vitalizar-lhe a complexa aparelhagem de aproximadamente sessenta trilhões de células. Através de dois movimentos enérgicos – sístole e diástole – esse músculo resistente é o responsável pelo cosmo orgânico no qual habitas transitoriamente.

Não é necessário que se faça um exame de outros órgãos, para que a criatura tenha motivos de agradecimento, sentindo o pulsar divino nela mesma.

Agradecer esse trabalho majestoso do coração, dia e noite, na alegria e na dor, no trabalho e no repouso, no prazer e na tristeza, mantendo a vida, sem que, ao menos, no seu automatismo desperte a atenção, é o mínimo que a todos cumpre realizar com alegria e espontaneidade.

Agradece a Deus o coração maravilhosamente desenhado e construído para te auxiliar no processo da evolução, nas etapas reencarnatórias, e olvida as pequenezes a que te prendes, fomentando desequilíbrios evitáveis.

Agradece, pois, a Deus, tua vida, teu corpo, teu ser eterno que marcha vertiginosamente para Ele.

3º Tua Gratidão

Há quem traduza a gratidão mediante o estilo bombástico das palavras, da eloquência dos discursos, dos gestos comovedores de que todos tomam conhecimento.

Passam como pessoas reconhecidas, portadoras de méritos e sentimentos comentados. Todavia, tão logo as coisas mudam de rumo e os acontecimentos deixam de atender-lhes aos interesses imediatos, ei-las desiludidas, deprimidas, frustradas.

A vida é um hino de louvor a Deus, um poema de beleza, convite perene à gratidão.

Por isso, há somente razões para o agradecimento e bem poucas necessidades para solicitações.

Seja a tua a gratidão silenciosa que opera no bem, porque este é o estímulo constante da tua existência.

A fidelidade aos compromissos nobres, aos quais aderiste espalhando ondas de otimismo e de esperança; a atitude paciente e bondosa ao lado daqueles que se desequilibraram e sentem-se a sós; a prece ungida de amor, em favor dos enfermos, dos inquietos e dos adversários; a perseverança nas ações relevantes quando outros desertaram; o clima mental de fé e de união com tudo e todos, sejam as maneiras de expressares gratidão a Deus e à Vida pela honra de estares consciente da tua existência e presença no Universo.

A tua gratidão seja o amor que se expande e mimetiza todos quantos se acerquem de ti, experimentando a dita de viver.

Deus te Ama

Deus te ama,
e tu percebes.
Sua ternura
te rocia a face,
e Suas mãos
te sustentam.

Seu hálito te vitaliza
e Sua voz silenciosa
chega aos teus ouvidos,
com bênçãos,
com esperanças
e com orientações.

Deus te busca
e te encontra.
Agora que O sentes,

deixa-te penetrar
e conduzir
ao destino feliz
que te reserva.

Deus vive, manifesta
e dilata o Seu amor
através de ti.
Tu o sabes…
E onde tu estiveres
Ele estará sempre contigo.